LA PLUME DES PAGES

(Poésie)

I- Ciels

Quand meurent les vagues en silence
Je recueille le zeste goutte survivante
Tel le Miroir de mes vaines errances
Où je nage noyée. Bénie renaissance

Je m'humecte en songe de ces sels
Et me mire ébahie dans ces soleils
Et j'y puise et épuise le goût éternel
Des sels crépus en ton sein enfouis

Soudain un râle m'ouvre tes ciels

Quand s'endorment les citadelles
Ombre floue fugace qui me nuit
Nuit verdâtre des nues aux ailes
Évanouies. Soudain tu m'éblouis

Quand s'endorment les citadelles
Voix ! Ô Rires désuets des choses
Fanées ! L'effroi repu se murmure
Doucement. Humblement. Et les roses

Exhalent en vertiges en un tourbillon
Épais comme une senteur d'allégresse
Qui se recreuse en un étrange sillon
Où sobrement les clartés renaissent.

Stylo, l'eau du style, eau de vie
Vies suspendues au fil de l'eau
Eau, encre frémissante. Envie de
Vie. Mouvances nées du Beau

La vie insufflée du stylo s'écrit
Telle une nue épopée d'encre et d'épée
Quand crisse la plume en un cri
Perçant les pâles lueurs d'envolées

Et soudain moutonne le fil soyeux
Tissé par les mots bleus nés de la voix
Un stylo oublié s'enhardit en la soie
Des Verbes ranimés en un dit pieux.

Je suis la vie qui d'une brise
S'inscrit dans les toiles ailées
Esquissées par la folle et zélée
Plume d'acier aux courbes grises

Voici venue l'heure au sourire bleu
De ces vies agrippées aux fils d'or
D'un écrit éphémère né de l'aurore
Et naîtra le verbe en un cri audacieux

Et les années se passent
Tel un éclat sans traces
Et sur le fil gris des ans
Le voilà nu le ciel lent
Venu tisser là le temps

Le visage pâle se fait si ridé
Que d'un sourire jaune effacé
La fontaine pleure à torrents
Et la terre, noyée du temps.

Rien n'arrête ce flot grinçant
Qui va, en rêves se mouvant
Le berçant en cris accentués

Ciel

Du fond de ses grands yeux
Jaillissent les larmes des cieux
Arrosant tristement la terre
De lèvres aux élans de prière

Et la prière s'élève
Et la pierre s'éveille
La Parole s'épanouit
Et la larme devient pluie

Soudain son souffle puissant
Réchauffe les glas reluisants
Et la pensée se fait bris d'encens

La voix se fait tonnerre
La fureur se fait éclair
Le mot se lit en vers

II- Terres

Je veux m'endormir à l'aube
Sur ce lit de soie qu'est l'Oubli
Afin d'étreindre les miroirs

Sur lesquels s'oublie la fourmi
Qui glisse parmi les fentes
Doux caméléons dont les plis

Se mêlent tout comme ils s'édentent
Ne laissant plus sur les lits
Qu'un triste parfum de menthe

Venant bercer l'homme qui git
Seul tel un roi de bronze régnait
Sur le Sommeil où tout reluit.

Comme le bois vieilli des ans alourdis
Mon esprit se fait matière usée par les dits
Qu'une vague bohème a ballotés au seuil
D'un antique portique érigé en écueil

Et la vie qui tressaille ainsi qu'un bois rose
S'assourdit de senteurs alourdies par les choses
Une caresse de pierre sourde s'est nichée au creux
Du granit que mon verbe las a brisé tel un gueux.

L'enfer s'est entortillé
Autour de mon âme
Pour venir y piller
La voie des larmes

En un long sanglot
Sans cri, sans logo
Je me plie, fidèle
Au carnage cruel

De mon moi
De ma voix
De mon vers
Et de mes terres.

Sous l'acacia raidi par les pleurs du temps
Le poète est venu s'étourdir à ses manches

À l'ombre des lamentations pendant en branches
Le poète s'est glissé dans un sommeil épaissi de vent

En cet ultime dimanche de l'an mouvant
Se laisser empourprer par le Couchant
S'enivrer du mot chuchoté par les vents

Et boire la lumière des rimes or pur sang
Illuminer de feux-follets le silence passant
Et briser le maillon de ces chaines du temps

Retenir en un souffle le poète passant.

Parenthèses

Il y a cet instant fugace mis entre parenthèses
Et cet élan freiné par de sombres antithèses
Puis l'absence gravée telle une infinie thèse
Qui gicle par à-coups, dépourvue de synthèse.

Les envies sournoisement alors se taisent
Et l'espoir mis en bouteille se prive d'aise
Le jour s'étire en insoupçonnables falaises
Que nulle nuit n'efface et nulle heure ne taise

L'absence tel un trait d'union alourdi pèse

Courbes harmonieuses des noires parenthèses
Ma plume sans répit vous défie d'entrouvrir
L'espace clos enfermé en votre sein qui me lèse.

Mais je m'enlise au seuil au risque de mourir
Et j'erre démunie en quête des vertes pinèdes
Où les mains se frôlent dans les lueurs tièdes
D'une étreinte affolée saisie dans son envolée

Charnelle étouffée par les froufrous des baisers
Courbes rigides de ces noires parenthèses
Je bute face à vous insurmontables falaises.

III- Étoiles

Étoiles ternies du silence
Lunes assoiffées de feux
D'un soleil noyés en transe

Il pleuvait des nuées d'argent
Sur mes ciels enfouis en silence
Un cri s'est éteint sur l'errance
De mes songes confiés aux vents.

L'éléphant vainement s'envolait.
J'ai semé sur les vils espaces
Les senteurs égarées des rapaces
Pour en incendier tous les palais

Qu'une main d'argile a bâtis.
Et, à l'horizon de la nuit brute
J'ai gravé dans les cernes abruptes
Des rides bleues, un râle flétri.

Telle une tour d'ivoire l'absence
Me retient captive des mots nus.
Un cri s'est éteint sur l'errance
Houle de clameurs tues. Parole déchue.

Étoiles ternies du silence
Lunes assoiffées de feux
Soleils noyés en transe

Je dirai vos rires creux
Qui me hantent sans bruit
Je dirai vos latences bleues

Qui rôdent dans mes nuits
Et j'ourlerai vos paupières
Pour y ancrer la pierre

D'un écrit ocre en furie

Pluies d'étoiles aux âpres râles lents
Je caresse vos courbes aux grains de soie
Et vous pare soudain des sanglots du temps
Quand en moi chemine la nuit aux vils doigts

Écoute. Voici que sur l'aile agile d'un son
Un ange lentement git en un vol brisé.
Et sur la mer ensommeillée sans nom
Un rêve s'est retiré ainsi qu'une marée.

Les étoiles m'ont tenu en secret
Ce discours d'antan soudain ressassé
Elles se sont écriées : Pars ! La nuit est décriée
Et reprends le chemin aux couleurs de craies.

Mais la nuit s'est emparée, tenace
Des étoiles éparses et des râles amers
Et mon être caressant le vide des éthers
A perdu le chemin des songes fugaces.

-L'ange s'est tu dévoré par la mer rapace.

Des lueurs lézardent les cieux
Qui rêvent à qui mieux mieux.
Penché au firmament de la nef
Un éclat de rire fêlé tel un elfe
Cherche sa voie, fuse et repart.
Éperdue, la voix se mue en gare.
Et toutes les voies s'y égarent.

S'en aller par défaut sur les chemins tracés
Lorsque la vie se plait à s'étirer par défaut
Prêcher le faux faute de pouvoir hurler le vrai
Entrer dans le rang loin des sentiers non balisés

Se contraindre au silence quand les mots se voilent
S'inventer des raisons quand il n'est guère de choix
S'oublier dans le Toi dès lors que gît le Moi
S'en aller sans détours sur les chemins de croix

En oublier la voix garder le cap allant droit
Aux aurores asphyxiées par les sens maladroits
Éteindre les couchants désertés par endroits
En effacer l'amour crucifié sans une croix

Te souviens-tu mon âme de ces instants chantants
Où tu pensais, allègre, te faire triomphante du temps ,

Te souviens-tu de ces songes éclos dans un regard
Où tu te noyais recluse à l'abri de ces faux fards ?

Te souviens-tu mon âme de cette mélodie secrète
Qui fait vibrer les coeurs et chavirer la tête ?

Mon corps a perdu la mémoire de ces heures d'antan
Et mes yeux se perdent sur les boulevards du temps.

IV- Mers

J'ai retenu dans les ocres mers
Un cri suspendu aux nuées de fer.
Sur les chemins gris hurlant d'amer
J'ai ancré le mot tu aux rimes de l'envers.

J'ai craché sur toutes les Seines éphémères
Un long râle renversant les pendules filaires.
Où êtes-vous, vieux souvenirs d'Apollinaire
Dit en gémissant en vain le poète débonnaire ?

J'ai noyé, me dit-il, tous les gouffres des enfers
Et tâté à volupté les contours d'un Je serf
Captif d'un temps hirsute, frétillant tel un ver.
Depuis, j'ai perdu la dite voix qui erre, au vers.

Écho

Noyer les ridules des mots
Dans les écumes des flots
S'abstenir à dire le faux

Quand la vague se fait soupir
Lointain le sable s'en va quérir
Une parole tue vouée à périr

Et ne reste à l'horizon blême
Que le silencieux dit bohème
D'un mot ouï tel un écho de rire

Vague

Au loin git le radeau.
Et le dit se fait marée nue
Et sur la peau fissurée d'un mot

Le poète enragé aspergea de sel
Un océan de paroles ingénues
Sur le sable s'assoupit un bleu ciel

Dans les orées du jour pâle
J'ai entendu balbutier le graal
D'un émoi étouffé par les nuées.

J'ai retenu un chant déluré
Par les marées grises de fiel
Un cri s'est perdu en arc-en-ciel.

Sur les parois ensablées de vie
Le souffle frissonnant d'un rêve
Coupé s'est bousculé à l'infini.

J'ai enseveli le songe en la sève
D'un murmure boiteux oublié.
Il est des langueurs jadis étoilées

Qui fusent tantôt tel ce diable
Mot emprisonné en la vile cage
De la clameur que fut la rage.

Dans les nuées du jour inévitable
J'ai refermé la porte des rosées
Et recueilli l'essence de l'alizé.

Quelquefois la houle brise les ondoiements salés
Pour s'en aller cueillir au creux fébrile des poignées
La lame acérée d'un désir brut et lacéré.

Quelquefois la houle s'en vient à aller fureter
En quête des auras bariolées d'un plaisir hurlé.
La blanche mousse éphémère d'un cran a parlé.

Donne-moi le corps de la rosée
Afin que j'en parsème la peau
De ce doux visage couleur de mots

D'un poème mûri et recomposé.
Donne-moi les semences abruptes
Jaillies des lèvres de la belle brute

Et que de ce fluide j'en féconde
La lumière d'un signe primaire
À l'heure où gémissent les ondes

Lentement tels des corps pâmés
J'ai saisi fans le vide ternaire
Le poème en son déshabillé écrémé

Et sur la courbe de ses hanches
J'ai gravé les sueurs haletantes
D'une envie féconde et reluisante.
Un vers jauni et fébrile s'épanche.

Blanche est la page où gémit mon être nu
Noire est l'écriture où dorment mes peurs sues
Vide est l'espace où trébuchent mes mots retenus
transparent évanescent est le dit qui ne se dit plus

V- Feux

Envole- toi mon coeur malmené
Aux détours des chemins oubliés
Où l'être trébuche, désemparé

Au crépuscule des jours effacés.
Envole-toi par-delà les sombres
Des tourments raidis de pénombres

Et élève tes silences blanc de sable
Au-dessus des vertiges de l'ineffable
Douleur qu'un sanglot âpres et gris

A suspendu tel un pleur non tari.
Ô coeur resserré par les rudes mailles
Des accrocs d'une voix qui déraille

Envole-toi loin des meurtrissures
Tel cet ange déchu croisé à l'aube
D'un orage irradié de brisures.

Le rêve flétri sans un cri se dérobe.

Au tournant vernis de l'attente
Les feux naguère chastes et cossus
S'abritent sous l'ombrelle démente
Du vide des vestiaires disparus.

L'amour s'étire tel un colimaçon
Autour des arcades cachetées
Et les amants s'en vont fureter
Le long des nuages de béton.

Au tournant vernis de l'attente
L'obscurité se traîne en procession
Et la passion jadis brûlante
D'un trait s'étiole de diversion.

Sur les barrières des pinèdes brûlantes
J'écris une déchirure à vif sanguinolente
Et ces lettres cossues que je grave sur les trottoirs
Parfumées d'une gâterie latente glissent, noires

Telle une fureur ondoyant le long des mandolines
Une infime tentative se joue à fleur de mine
Sur la scène maudite d'une estrade anonyme
J'ai glissé sur les parquets aux cires antonymes

Tu te dis poète et je m'écrie
Tu te mues par-delà les idées
Bleuâtres de l'envie de ce cri

Et je me meus dans la tourmente
Rouge des rimes nues et déridées.
Tu t'ériges tel un muret débridé

Sur les champs verts de l'attente.
Et je me glisse sur tes ocres remparts
Quand soudain trébuchent les fards.

Tu te dis poète et tu m'écris
Ainsi qu'une lente mélopée ancestrale
Qui d'un frisson s'en va se faire la malle

Ton cantique s'est évanoui. Je crie.

Se souvenir d'un frisson jailli criant sa rage
Dans la moiteur d'une chambre sans barrages
Se souvenir de cette autre caresse effrontée

Dans la perdition d'un murmure de désirs
Se dénuder encore telle une femme mal née
Dans l'intimité d'une fusion de corps en délire

Se remettre à nu à l'abri des menaçants orages
Quand la passion soudain vibre à rompre les adages
Ne gardant en mémoire que le tumulte d'un naufrage

Au soir de ma vie je me retrouverai
Semblable à un rêve parvenu à sa fin
Sur les ailes des vieux jours défunts
Voltigeront encore des poèmes imparfaits

Dans les ultimes strophes griffonnées
Un relent de rébellion subsistera en l'air
Qui de son haleine de rimes sonnées
Éveillera furtivement l'insondable vers

Au soir de ma vie je me défilerai
Pareil à cet évadé l'ayant échappé belle
Le temps d'une folle escapade rebelle
Que seuls connaissent les êtres vrais

Dans les mots de la fin je tairais le silence
De ces nuits de tourments rôdeurs tenaces
Tels ces vides emplis aux halages de l'absence
Et mon poème s'évanouira sans une trace.

Vacuité

Cuites sont les heures d'hier mijotant à feu doux
Recuites les secondes crues bouillonnant en remous
Quand le temps incertain au hasard se touille
Les minutes s'évaporent le long des murs de rouille

Ô immobilisme des aiguilles vautrées telles des statues
Tournez, tournez pour moi, le poète des mots tus
Et rentrez dans la ronde des senteurs disparues
Afin que de vos airs j'en retrouve les défuntes nues

Où mon âme jadis fumait encore d'un feu follet
Tournez, tournez, donnez-moi le tournis de l'illusion
D'un cadran éperdu figeant les heures au portillon

Pour que de mon cri j'en inonde les allées
Et brise de ma plume l'entêtante vacuité

VI- Ailes

Parfum sensuel d'une flambée de légères sandales
Jaunes nouées autour d'une cheville fine et dorée
La passion se dénoue ainsi qu'une onde de scandale

Et dans la tresse affolée siffle une envie mordorée
Parfois la houle brise les bleus ondoiements salés
Pour s'en aller cueillir au creux fébrile des poignées

La lame de fer acérée d'un désir brut et lacéré.
Quelquefois la houle s'en vient à aller fureter
En quête des auras bariolées d'un plaisir hurlé.

Quand vient le sommeil concis des oubliettes
La parole fuse poussée vers les bocages
Bousculée vilement telle une piètre midinette.

Quand sonne le glas des moments émiettés
Le soupir se retient ainsi qu'un souffle en cage
Refréné dans son élan bleu et saccagé.

Quand frémit en silence l'ultime promesse tarie
Le sanglot sursaute blême de l'outrage
Et l'amour lentement grelotte et suspend son cri

A l'orée des jours gris éparpillés
Un silence s'est glissé sous le noyer
L'attente eut l'envie de piailler
Sourd l'espoir a fini par ployer.

À l'orée des jours pâles de l'ennui
La parole s'est perdue en errances
Dans les tumultes sous des nuits
Qui jacassent cassées de non-sens

À l'orée des nuits vides de l'absence
J'ai perdu la parole noyée dans l'oubli
Mes silences se sont tus sans un pli
Et le temps n'est plus qu'un fil qui danse

Sur la pensée des bleus tourbillons
j'ai attendu le temps aux mains raidies
Comme l'on attend un rêve fou enfoui
Qui demeure caché à l'ombre des portillons

Le Temps m'a fait attendre longtemps
De ce long temps filant à l'infini
Et que nul n'entrevoit même défini
Sans jamais s'achever pour autant

Sur les horloges noires de l'instant
L'aiguille s'est brisée au coeur du cadran
Mon coeur une seconde vaincu se tait
Et sur les tic-tac réguliers la vie se défait

Une brindille de soleil éteint
S'est accrochée à la tresse dorée
Qu'une femme aux yeux de pin
A nouée telle une gerbe acidulée

Dans les froissement d'une robe
Une main s'est enchevêtrée
Aux ronces elle s'est égratignée
Dénudant les replis qui se dérobent

Chuintement de cotons froissés
Pastels cachés émois roucoulants
La main se faufile sous les volants
D'une chair humide et défroissée

Et aux abords de la tresse dénouée
Palpite encore le plaisir détroussé
Qu'une caresse a un temps allumée
Une brindille de soleil s'est cassée

Pointillés

Suivre au hasard les points de la ligne floue
D'un fantôme dialogue jouant son va-tout
Se perdre dans les marges des noirs pointillés
En oublier l'envie qui jadis fut émoustillée

Dans les ombres creuses entre les points
Suspendre les haleines retenues tel ce recoin
Du dialogue suspendu aux mots en suspens.
Mon verbe a cédé sous le poids d'un cri nonchalant

© 2021, Mona Azzam
Édition : BoD – Books on Demand
12/14 rond-point des Champs-Élysées, 75008 Paris
Impression : BoD - Books on Demand, Norderstedt, Allemagne
ISBN: 9782322397976
Dépôt légal : Novembre 2021